CATALOGUE

D'une Collection de Tableaux de diverses Écoles, Dessins et Curiosités ;

DONT LA VENTE

Se fera le lundi 19 décembre 1825, et jours suivans, dans la grande salle de l'hôtel de Bullion, rue J.-J. Rousseau, nº. 3, à 6 heures du soir, par le ministère de M. HAIZE, commissaire-priseur, et de M. DURAND-DUCLOS, artiste-peintre.

L'EXPOSITION PUBLIQUE

Aura lieu le dimanche 18 décembre, de midi à 4 heures, et chaque jour de vente.

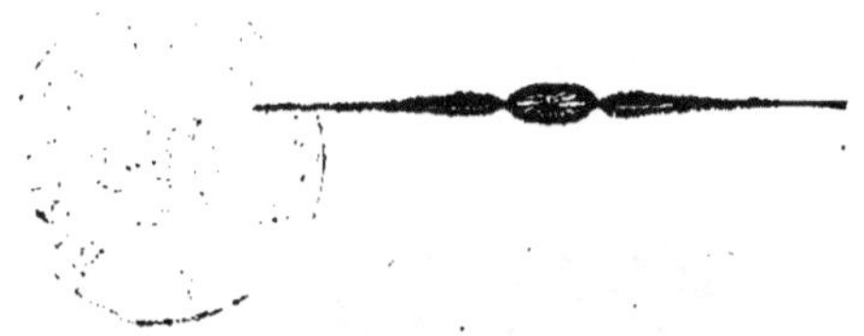

LE CATALOGUE SE DISTRIBUE

Chez M. HAIZE, Commissaire-Priseur, rue Neuve Saint-Eustache, nº. 29;

M. DURAND-DUCLOS, Artiste-Peintre, rue Thévenot, nº. 5.

1825.

AVERTISSEMENT.

Les tableaux que nous vendons proviennent en grande partie d'une Collection étrangère que l'on nous a envoyée tout récemment; nous avons fait une partie du Catalogue suivant les notes qui nous ont été envoyées, et nous en faisons une Exposition publique afin que MM. les Amateurs puissent les juger et faire leur choix.

CATALOGUE

D'une Collection de Tableaux de diverses Écoles, Dessins et Curiosités.

1   M. BOUTON. Le peintre a représenté le portique d'un château gothique, situé aux environs de Naples.

Il place le spectateur sous ce portique; et c'est là où l'artiste nous fait admirer les talens qu'il a développés pour rendre de la manière la plus vraie et la plus piquante les trois effets différens que l'on voit. C'est de cette même place que l'on apercoit cette montagne de feu, ce fameux Vésuve, menaçant les palais et chaumières des environs d'une destruction prochaine. Un paysan donne l'alarme à un valet, qui descend l'escalier une torche à la main.

Le peintre a senti la difficulté qu'il avait à vaincre pour rendre ces deux effets du Vésuve et du flambeau sans qu'ils se nuisissent; il s'en est tiré de la manière la plus ingénieuse en interposant la lumière de la lune qui éclaire l'entrée du portique. Il fallait le talent d'un grand peintre pour rendre ces trois effets différens, et M. Bouton a parfaitement réussi.

2   M. DEMARNE. Très joli paysage, enrichi de plusieurs figures et animaux.

(4)

On trouve dans ce tableau toutes les qualités qui caractérisent les ouvrages de cet habile artiste, jolie composition, belle exécution et belle couleur.

2 *Bis.*   Par le Même. Ce tableau, anciennement fait, représente un beau paysage. Sur la gauche du tableau, se trouve un gros chêne, à l'ombre duquel des bergers et bergères s'occupent à danser, tandis que leurs bestiaux paissent dans une prairie voisine.

Cette composition est charmante, et d'un effet très piquant.

3   BRUAUDET. Joli paysage éclairé par un soleil du matin ; sur le devant du tableau est un chemin, sur lequel on voit un cavalier et des villageois, conduisant un âne.

Ces figures sont de la main de Swebach.

4   SALOMON RUISDAEL (Genre de). Marine enrichie de vaisseaux et figures.

5   M. MALBRANCHE. Vue prise sur les bords de la mer. Sur le devant du tableau, on voit plusieurs figures s'occupant à pêcher.

Ce tableau est exécuté avec beaucoup de facilité et d'une jolie couleur.

6   M. BUDELOT. Joli paysage, d'un effet piquant et d'une exécution très savante.

7   M. MALET. Tableau connu sous le titre de *la Confidence*.

Deux jolies femmes ont reçu une lettre et en prennent lecture, tandis qu'un jeune cavalier, placé à l'une des ouvertures de l'endroit où elles sont, les considère attentivement. Ce tableau est gracieux et d'un effet très piquant.

8   Par le Même. Deux jolies têtes d'enfant, ajustées avec des ailes, se détachant sur un fond de ciel. On dit que ces enfans sont ceux de madame de Montebello.

9   RAPHAEL (D'après). Très belle copie ancienne de la Sainte-Famille qui est au Musée.

10   CARRACHE (Louis). Jésus-Christ portant sa croix et allant au supplice ; il est accompagné d'Arimathie et de deux bourreaux.

Ce tableau est très touchant et exécuté avec beaucoup d'énergie.

11   PAR UN ÉLÈVE DE PRUDHON. Un joli paysage enrichi de figures.

12   POLEMBOURG (Corneille). Une grotte pittoresquement ajustée, dans laquelle plusieurs personnes s'occupent à manger.

Ce tableau est très fin et d'un joli effet.

13   LAURENT DE LA HIRE. Ce tableau représente OEtra enseignant à son fils Thésée où étaient cachées les armes de son père.

Ce tableau est bien composé, d'une belle couleur et d'une belle exécution.

14   POUSSIN (D'après). Belle copie représentant des bacchanales.

15   LANCRET. Deux tableaux faisant pendans, représentant un repas et un bal champêtre.

Ces deux tableaux sont d'une riche composition et d'une belle couleur.

16   EMELING (Genre de). Riche composition d'une douzaine de figures représentant l'Adoration des Mages. Les figures de ce tableau sont d'un beau caractère et d'un bel effet.

17   BIBIANI. Deux tableaux, représentant des monumens d'architecture en ruine.

18   VERNET. Une étude d'après nature, d'une couleur vigoureuse, et touchée avec beaucoup d'esprit.

19   GUIDE (Manière du). Deux tableaux faisant pendans, dont l'un représente l'Adoration des Mages.

20   SABLÉ. Sujet allégorique, représentant Minerve chassant les Vices de l'atelier de la peinture.

Ce tableau fut fait à Rome pour un concours, et donné à son ami Denis. La composition en est jolie et la couleur belle et vraie.

21   ROBERT. Monumens d'Italie.

Ce tableau est d'un effet très piquant ; plusieurs figures enrichissent ce tableau.

22   NIEULAN. L'Amour se réchauffant auprès de Vénus. Ce tableau est très gracieux et d'une charmante couleur.

23   OSADE (Isaac). Intérieur rustique, dans lequel on voit une femme occupée à faire la toilette de son

mari; tandis que plusieurs autres paysans et paysannes
font la conversation en se chauffant. Ce tableau est
d'une couleur vigoureuse, transparente et d'un effet
très piquant.

24   M. PETIT. Deux jolis paysages fixés sous verre.

25   GIORGION. Plusieurs personnes réunies, faisant
un concert.
     Ce tableau porte un grand caractère.

26   BOTH (d'Italie) signé. Ce tableau présente, sur
la droite, une cascade coulant entre deux rochers
boisés, et sur la gauche de riches lointains. La composition est riche et l'effet bien senti ; plusieurs jolies
figures enrichissent ce tableau.

27   PRIMATICE. L'Olympe.
     Tableau de galerie. On remarque dans ce morceau
une riche composition, beaucoup de grâce et un bel
effet.

28   CALOT. Ce Tableau est d'une riche composition,
et représente Jésus-Christ bafoué. On remarque dans
ce tableau beaucoup de verve et d'esprit dans les figures, et un grand effet.

29   MACHI. Monument d'architecture en ruine, à côté
duquel est un berger gardant des vaches.

30   CIGOLI. Saint François - Stigmate en prières,
pagné d'un autre moine.
     Ce tableau est précieusement exécuté.

31   PHILIPPE DE CHAMPAGNE. Fuite en Égypte.

Ce tableau est d'une très riche composition, d'une exécution précieuse et d'un bel effet. Le peintre a éclairé son tableau par un crépuscule du matin; l'effet est bien senti.

32   MURILLOS (Genre de). Deux tableaux faisant pendans, l'un représentant le martyre de saint Étienne, l'autre sa conversion.

Ces tableaux sont d'une composition fort riche et d'une belle couleur.

On aperçoit dans ces tableaux des endroits qui sont des morceaux de nacre pardessus lesquels on a repeint.

Celui qui les acquerra pourra ôter les repeints pour voir comment ils étaient originairement.

33   BRECLINK CAMP. Trois femmes causant ensemble.

34   Par le Même. Une femme se reposant à côté de son ouvrage.

35   LOUTERBOURG. Deux jolis paysages faisant pendans.

36   OCTERVELD. Un jeune garçon faisant une collation avec deux jeunes filles.

37   VATEAU. Scaramouche entouré de plusieurs personnes, hommes et femmes, qui l'écoutent jouer de la guitare.

38   Par le Même. Un bal champêtre.

39   LANCRET. Un concert.

40   ORISONTI. Paysage d'une très riche composition,

enrichi de figures. Ce tableau est d'un très grand effet et d'une belle exécution.

41   CORRÈGE (D'après). Jolie figure, représentant une Léda.

42   VANDICK (Ecole de). Portrait d'Henriette d'Angleterre, en pied, accompagnée d'un de ses enfans.

43   SALOMON DE BRAY. Portrait d'un auteur célèbre. Une couronne placée à côté de lui indique qu'il a été couronné. Ce portrait est d'une grande vérité et d'un bel effet.

44   BLOEMART. Saint Jean prêchant dans le désert. Ce tableau est d'une riche composition et est cité dans P. D. la Ferté, comme provenant de l'ancienne galerie d'Orléans.

45   VAN BLOOM. Intérieur d'écurie. Ce tableau est de la bonne qualité de ce maître et d'un joli effet.

46   M. ROUGET. Deux tableaux faisant pendans; l'un représente Héro et Léandre, et l'autre un sujet d'Ossian. Ces tableaux sont d'un effet très piquant et peints avec beaucoup de facilité.

47   GASPARD (Poussin). Vue de Tivoli, d'un grand effet et d'une exécution très savante.

48   HOBBEMA (D'après). Paysage d'une belle composition et d'un grand effet.

49   GRIFFIER. Vue des bords du Rhin. Le devant du tableau est enrichi de plusieurs jolies figures.

49   CARÉ (Michel). Des bergers et une bergère conduisant leurs troupeaux.

51   VAN HELMONT. Deux tableaux faisant pendans, dont l'un représente un chimiste dans son atelier.

52   VAN POL. Très joli tableau de fleurs, se composant de roses rouges et blanches.

53   M. TOURNIER. Une grappe de raisin groupée avec d'autres fruits sur une table de marbre. Ce tableau est d'une exécution très précieuse et d'une grande vérité.

54   BOTH ET BOTWINS. Joli paysage enrichi de figures et animaux.

55   OMÉGANG (Genre de). Dans un joli paysage, une jeune bergère gardant un troupeau de vaches et moutons. Ce tableau est d'une jolie composition et d'une belle couleur.

56   SCOVAERT. Port de mer dont les premiers plans sont enrichis d'un grand nombre de figures.

57   VENINX. Port de mer dont les devans se composent de terrains montueux. Ce tableau est enrichi de vaisseaux, et d'une quantité de figures touchées avec beaucoup d'esprit et d'une belle couleur.

58   BECHAI. Suzanne et les vieillards. Ce tableau est d'une couleur brillante et d'une belle exécution.

59   W. VAN WELDE (Genre de). Jolie marine enrichie de vaisseaux et figures.

60   MOUCHERON. Très beau paysage, dont les pre-

miers plans se composent d'arbres et terrains qui se trouvant élevés, permettent à l'œil du spectateur d'apercevoir une très vaste étendue de campagne enrichie de fabriques, rivières et montagnes se perdant à l'horizon. Ce tableau, éclairé par un soleil couchant, produit un grand effet. Il est enrichi de figures et bien conservé.

61   PARROCEL. Deux tableaux faisant pendans. L'un représente une bataille, et l'autre un général faisant conduire des prisonniers. Ces tableaux sont d'une très riche composition et d'un grand effet.

62   BRECLINK CAMP. Une femme, accompagnée de ses enfans, achète des fruits à une marchande.

63   M. LA JOIE. Vue d'après nature de la montagne du puits Marie près du lac Marin. Cette montagne est une des plus hautes du Cantal.

64   Par le Même. Une forêt.

65   Par le Même. Un coup de vent.
Ces trois tableaux sont très soignés d'exécution et d'une jolie couleur.

66   PAR UN PEINTRE MODERNE. Deux paysages faisant pendans.

67   Par le Même. Deux navires.

68   PAR UN PEINTRE MODERNE. Deux jolis paysages faisant pendans, enrichis de figures.
Dans l'un on voit une tour et un pont, et dans l'autre un moulin à vent sur le bord de la mer.

69   Par le Même. Deux intérieurs de monumens faisant pendans.

70   Par le Même. Deux tableaux faisant pendans. L'un représente un moulin à eau pittoresquement ajusté, et l'autre une marine.

71   Par le Même. Deux autres paysages.

72   PAR UN PEINTRE MODERNE. Deux paysages.

73   Par le Même. Un tableau dans le genre de Wouvermans.

74   Par le Même. Un portrait de femme.

75   Par le Même. Vénus et l'Amour.

76   Par le Même. Un intérieur, dans lequel est une jeune femme tenant son enfant dans ses bras.

77   Par le Même. Un intérieur de cellule, où l'on voit une religieuse en prières.

78   MANTEIGNE (Genre de). Ce tableau représente la Nativité. La composition est très riche et présente beaucoup d'intérêt.

79   POTTER (D'après Paul). Très jolie copie, représentant un paysage et des animaux.

80   CANALETTI. Deux jolies vues de Venise.

81   CIGNANI. Vénus et Adonis.
   Ce tableau est gracieux, d'un beau pinceau et bien exécuté.

82   GUERCHIN. La Vierge et l'Enfant-Jésus.

Ce tableau est d'une jolie composition et d'une belle couleur.

83   CARRACHE. L'Amour luttant avec un Satyre.

84   CARÉ (Michel). Joli paysage, enrichi de figures et animaux.

85   FRANCISQUE. Joli paysage, enrichi de figures.

86   FOUQUIÈRES. Paysage et figures.

87   ARTOIS (Van). Paysage largement peint et d'une belle couleur.

88   INCONNU. Paysage.

89   INCONNU. *Ecce Homo.*

90   INCONNU. Deux paysages en hauteur.

91   VERNET (Genre de). Une cascade.

92   POUSSIN (Genre de Gaspard). Paysage et figures.

93   REMBRANDT (Genre de). Paysage et figures.

94   INCONNU. Paysage en hauteur, orné de figures et animaux.

95   INCONNU. Deux tableaux.

96   INCONNU. Un paysan gardant des vaches.

97   DAVID (Ecole de). Esquisse représentant un sacrifice.

98   INCONNU. Des canards se baignant.

99   INCONNU. Une chasse au cerf.

100   SALVATOR ROSA. Cinq jolis tableaux, d'une couleur vigoureuse et touchés avec beaucoup de verve.

101   INCONNU. Trois portraits.

102   FRANCISQUE (D'après). Jolie copie d'un paysage enrichi de figures.

103   PAR UN MODERNE. Deux tableaux.

104   GIRODET (D'après). Très jolie copie de son tableau d'Endimion.

105   BRAWER. Des paysans s'amusant à boire et à fumer. Ce tableau est d'une jolie couleur.

106   RAPHAEL (Ecole de). Joli tableau.

107   INCONNU. La mort de Mazet, à Barcelonne.

108   INCONNU. Un buveur.

109   INCONNU. Sujet militaire.

110   INCONNU. Paysage.

110 *Bis.* Un lot de toiles et esquisses.

111   PAR UN FLAMAND. La mort d'un cochon.

112   BOTH , d'Italie (Genre de). Joli paysage.

113   INCONNU. Un portrait d'homme.

114   PAR UN FLAMAND. Un buveur.

115   M. BERLOT. Des moines enterrant un de leurs frères. Ce tableau est d'un joli effet; il a appartenu à la Société des amis des arts.

116   SAINT-MARTIN. Joli paysage enrichi de figures et animaux.

117   VINANTZ (D'après). Jolie copie d'un paysage de ce grand maître.

118   INCONNU. Vue d'un parc où se trouve une pièce d'eau , et des femmes s'y baignant.

119   INCONNU. Scène militaire en Espagne.

120   INCONNU. Fuite en Égypte.

121   VAN BLOOM. Des cavaliers arrêtés devant une tente.

122   GREUZE (D'après). Une tête de jeune fille , au pastel.

123   INCONNU. Une femme assise près d'une table.

124   PAROCEL. Un tableau représentant une bataille.

125   GÉRICAULT. Deux tableaux dont l'un représente un bivouac.

126   GAUTHIER. Un pêcheur.

127   SWEBACH (Genre de). Deux scènes militaires.

128   M. VALIN. Une tête de femme sur porcelaine.

129   HOES (Signé). Ce tableau représente une bataille d'un bel effet.

130   ANDRÉ SOLARIO (Genre de). Le Christ au roseau. Ce tableau est précieusement exécuté.

131   LE MAIRE POUSSIN. Monumens en ruines. Ce

tableau est enrichi d'un sujet allégorique, par Stella.

132 PAR UN MAITRE ANCIEN. Portrait d'homme vêtu de noir, d'une belle couleur.

133 GASPARD (Poussin). Paysage d'une composition pittoresque, enrichi de figures.

134 ZEMANN. Vue d'une ville d'Italie environnée de la mer. Sur le devant se trouve une place publique dans laquelle sont un grand nombre de figures.

136 RUBENS (Attribué). Groupe d'enfans.

137 VATEAU. Bivouac. Ce tableau est d'une jolie composition et d'une jolie couleur.

138 INCONNU. Grisaille représentant Joseph et Putiphar.

139 TABLEAU GOTHIQUE. Sujet de l'Annonciation, exécuté avec finesse.

140 GREUZE (D'après). Tête de jeune fille, jolie copie.

141 PETERS. Joli paysage d'un goût pittoresque, orné de fabriques, figures et animaux. Ce tableau est précieusement exécuté.

142 CALOT. Des mendians.

143 PAR UN MODERNE. La marchande de mouron, d'une jolie couleur et d'un bel effet.

144 SWEBACH. Marche d'armée. Ce tableau est du

beau faire de ce maître, d'une jolie composition et d'un bel effet.

145   HACCOU. Jolie marine enrichie de vaisseaux et figures, d'une composition heureuse, d'une couleur suave et finement exécutée.

146   SALVATOR ROSA. Paysages, figures et animaux.

147   PAR UN MODERNE. Ce tableau représente un clair-de-lune d'un joli effet.

148   DANLOUX. Deux jolis tableaux. L'un représente une jeune fille mangeant et l'autre un petit garçon endormi.

149   CHAMPMARTIN. Un maréchal ferrant. Ce tableau est peint avec facilité et d'une jolie couleur.

150   MIGNARD (Genre de). Portrait d'une jolie femme, avec une main.

151   GÉRICAULT. Esquisse représentant Buonaparte en Égypte. Riche composition peinte avec facilité.

152   ISAI VAN WELD. Joli paysage.

153   TITIEN (École de). Un enfant accompagné d'un chien.

154   BOUCHER. Esquisse représentant un sujet de Pygmalion.

155   VAN TULDEN. Enlèvement de Galatée.

156   VAN ARTOIS. Joli paysage.

157   LATOUR. Portrait au pastel précieusement fait.

158   LA RUE. Plusieurs cavaliers à cheval en action.

159   M. HEM. Une figure d'étude.

160   *Signé* W. Deux petits tableaux de fleurs.

161   HOBBEMA (École de). Très beau paysage se composant d'arbres, chaumières et jolis lointains. Ce tableau est d'un grand effet et enrichi de figures bien touchées.

162   M. STORELLI. Joli paysage à l'aquarelle.

163   HUET. Très beau dessin représentant la ville de Puy. Cette Vue est très pittoresque et curieuse par sa situation ; l'effet en est bien rendu.

TABLEAUX, DESSINS ET CURIOSITÉS.

164   MICHALON, GÉRICAULT et autres. Plusieurs dessins et croquis.

165   DUGOURG. Deux sujets de Robinson.

166   Par le Même. Andromaque ; joli dessin à l'aquarelle.

167   SWEBACK. Joli dessin au lavis, représentant un sujet militaire.

168   M. MICHEL. Deux jolis dessins.

169   Deux assiettes de Bernard Palizzi, avec des sujets très riches en figures.

169 *Bis.* Deux groupes en porcelaine avec leur socle.

170   Deux bustes en bronze; l'un représente Turenne, et l'autre Vauban.

171   Une Vierge grecque en bronze.

172   Le buste d'un général, en bronze, par Chaudé.

173   Un cabinet avec tiroirs, en vieux laque incrusté de Burgos.
Deux panneaux en vieux laque.

174   Deux médaillons en plomb, dont l'un représente les forges de Vulcain, dans le genre de Jules Romain.

175   Plusieurs miniatures.

176   NICOL. Rochers baignés par les eaux d'une rivière; au travers des rochers on aperçoit de jolis lointains.

177   Portrait de Ninon de Lenclos. Ce dessin, aux trois crayons, est fait avec beaucoup d'intelligence.

178   M. DE VILLENEUVE. Portrait de Mlle. Mars, dans la *Jeunesse de Henri V.*

179   M. CHAZAL, élève de Van - Spandaonk. Un joli bouquet de fleurs renversé sur une table de marbre.
Ce dessin est exécuté à l'aquarelle d'une manière très précieuse.

180   M. ALAUX. Quatre jolis dessins à l'aquarelle.
Ces dessins ont été faits à Rome, et représentent
des scènes italiennes.

181   Seize costumes de Suisse, retouchés à l'aquarelle.

182   Dix-neuf vues de Naples à l'aquarelle.
Sept autres diverses.
Sept pièces diverses.

183   Recueil des monumens de Rome, en deux volumes.

184   OEuvres de Gérard Lairesse, 2 volumes avec estampes.

185   OEuvres complètes de Raphaël Mengs, 2 volumes.

186   Vie des Peintres, par Descamps, 4 volumes, avec
le Voyage pittoresque de Flandre et du Brabant.

187   Catalogue raisonné des Estampes, par Bartsch;
2 volumes.

188   Histoire de la Peinture en Italie, par M. B....a,
2 volumes.

189   Un lot de plusieurs ouvrages, tels que Piles, Du-
frénoi et autres.

190   CARRACHE. Une descente de croix.
Ce tableau, de cinq ou six figures, est d'un bel
effet et porte un beau caractère.

191   M. VERNET, élève de Michalon. Deux jolis
paysages faisant pendans, dans lesquels on voit des
pâtres gardant leurs troupeaux.

192   M. GERÉ. Trois jolis paysages enrichis de figures.

193   Très beau Christ en marbre blanc.

Le Christ est sur sa croix de marbre, et le tout est travaillé d'un seul bloc.

194   Une trentaine de médailles antiques.

195   Huit médailles modernes , dont trois du règne de Louis XIV;

Trois du règne de Louis XVI;

Une représentant le pape Clément;

Une de Charles III.

196   HERMAN d'Italie. Grand et beau paysage orné de figures.

197   VAN ULIET. Vertumne et Pomone.

198   VANDER HEYDEN (attribué à). Vue intérieure d'une ville de Hollande ; petit tableau très fin qu'on dit être de la jeunesse de Vander Heyden.

199   VANDICK (Antoine). Les Portraits de Philippe IV et de Moncada. Joli tableau.

200   M. VALLIN. Un silène occupé à presser du raisin dans une jatte; un jeune enfant le considère avec attention.

201   SOLIMÈNE. L'apothéose de saint François; tableau bien dessiné et d'une belle couleur.

202   VAN SON. Tableau de fruits.

203   DUVAL. Joli paysage présentant au milieu une chute d'eau; tableau piquant d'effet et d'une bonne couleur.

204　PEINTRE MODERNE. Paysage orné de belles fabriques ; de jolies figures ornent les premiers plans.

205　SALVATOR ROSA. Sous une grotte formée par des rochers, un saint ermite est agenouillé devant une tête de mort ; les fonds présentent une fête sauvage.

206　PIERRE PATEL. Paysage traversé par une rivière ; à droite et à gauche des ruines d'architecture ; les devans sont ornés de figures par Jean Miel.

207　MOLNAERT. Au bas d'un chemin sablonneux, coule, à gauche, une rivière sur laquelle sont occupés divers travailleurs. Les fonds représentent un village en partie couvert d'arbres. Sur le devant plusieurs figures.

208　LANTARA. Petit tableau, forme ovale, représentant un paysage boisé ; effet de coup de tonnerre.

209　MARIA CRESPI. Deux petits tableaux faisant pendans, représentant deux scènes d'intérieur.

210　TITIEN. Le portrait de la femme du duc d'Albe.

211　VANDER POEL. L'incendie d'un moulin au milieu de plusieurs cabanes. Nombre de figures pleines de mouvement et touchées avec l'esprit de Teniers, ornent les devans de ce joli petit tableau.

212　RUISDAEL (Salomon). Point de vue d'un terrain sablonneux au bord d'un canal où sont plusieurs barques. Sur le devant un troupeau de vaches. Dans le lointain des chaumières entourées d'arbres. Tableau fin et du meilleur temps de l'auteur.

213   TASSI. Paysage, figures de Jean Miel.

214   SOLIMÈNE. Très belle figure de femme représentant Forcia sur le point d'avaler les charbons ar-
dens; la tête est d'une très belle expression.

215   MONOYER (Baptiste). Superbe bouquet de
fleurs dans un vase posé sur une table de marbre.

216   MILLET (Francisque). Un grand paysage dans
lequel l'auteur a introduit un épisode du poëme de
Roland Furieux.

217   LAGRENÉE. Suzanne surprise par les vieillards.

218   Les objets omis seront vendus sous ce numéro.

IMPRIMERIE ANTHELME BOUCHER, RUE DES BONS-ENFANS, N°. 34.